# No capricho

### Caligrafia integrada com ortografia e gramática

**E**

**Isabella Pessoa de Melo Carpaneda**
Licenciatura plena em Pedagogia pela Universidade de Brasília e CEUB, com especialização em Administração e Supervisão Escolar e Orientação Educacional. Especialização em Língua Portuguesa pelo Instituto AVM – Faculdade Integrada. Coordena, prepara material pedagógico e ministra cursos de treinamento para professores de Educação Infantil e Ensino Fundamental em vários estados desde 1990. Atua como assessora pedagógica de Educação Infantil e Ensino Fundamental em Brasília-DF desde 1984.

**Angiolina Domanico Bragança**
Licenciatura plena em Pedagogia pela Associação de Ensino Unificado do Distrito Federal, com especialização em Administração Escolar. Coordena, prepara material pedagógico e ministra cursos de treinamento para professores de Educação Infantil e Ensino Fundamental em vários estados desde 1990. Atua como assessora pedagógica de Educação Infantil e Ensino Fundamental em Brasília-DF desde 1970.

São Paulo

*Copyright* © Isabella Carpaneda e Angiolina Bragança, 2016

| | |
|---:|:---|
| Diretor editorial | Lauri Cericato |
| Gerentes editoriais | Rosa Maria Mangueira e Silvana Rossi Júlio |
| Editora | Luciana Pereira Azevedo Remião |
| Editora assistente | Liege Maria de Souza Marucci |
| Gerente de produção editorial | Mariana Milani |
| Gerente de arte | Ricardo Borges |
| Coordenadora de arte | Daniela Máximo |
| Projeto gráfico | Bruno Attili |
| Capa | Juliana Sugawara |
| Editora de arte | Wilde Velasques Kern |
| Diagramação | Essencial design |
| Tratamento de imagens | Ana Isabela Pithan Maraschin |
| Coordenadora de ilustrações | Márcia Berne |
| Assistentes de arte | Stephanie Santos Martini e Maria Paula Santo Siqueira |
| Ilustrações | Gilberto Miadaira |
| Coordenadora de preparação e revisão | Lilian Semenichin |
| Supervisora de preparação e revisão | Viviam Moreira |
| Preparação | Adriana R. Périco |
| Revisão | Iracema S. Fantaguci, Maria de Fátima Cavallaro |
| Coordenador de iconografia e licenciamento de textos | Expedito Arantes |
| Supervisora de licenciamento de textos | Elaine Bueno |
| Iconografia | Gabriela Araújo e Elizete Moura |
| Diretor de operações e produção gráfica | Reginaldo Soares Damasceno |

**Dados Internacionais de Catalogação na Publicação (CIP)**
**(Câmara Brasileira do Livro, SP, Brasil)**

Carpaneda, Isabella Pessoa de Melo
No capricho : caligrafia integrada com ortografia e gramática, volume E / Isabella Pessoa de Melo Carpaneda, Angiolina Domanico Bragança. — 2. ed. — São Paulo : Quinteto Editorial, 2016.

ISBN 978-85-8392-053-3 (aluno)
ISBN 978-85-8392-054-0 (professor)

1. Caligrafia (Ensino fundamental) 2. Ortografia (Ensino fundamental) I. Bragança, Angiolina Domanico. II. Título.

16-01660 CDD-372.634

**Índices para catálogo sistemático:**
1. Caligrafia: Ensino fundamental   372.634
2. Ortografia: Ensino fundamental   372.634

1 2 3 4 5 6 7 8 9

Envidamos nossos melhores esforços para localizar e indicar adequadamente os créditos dos textos e imagens presentes nesta obra didática.
No entanto, colocamo-nos à disposição para avaliação de eventuais irregularidades ou omissões de crédito e consequente correção nas próximas edições.
As imagens e os textos constantes nesta obra que, eventualmente, reproduzam algum tipo de material de publicidade ou propaganda, ou a ele façam alusão, são aplicados para fins didáticos e não representam recomendação ou incentivo ao consumo.

Reprodução proibida: Art. 184 do Código Penal e Lei 9.610 de 19 de fevereiro de 1998.
Todos os direitos reservados à
**QUINTETO EDITORIAL LTDA.**
Rua Rui Barbosa, 156 – Bela Vista – São Paulo-SP
CEP 01326-010 – Tel. (11) 3598-6000
Caixa Postal 65149 – CEP da Caixa Postal 01390-970
www.ftd.com.br
*E-mail*: central.atendimento@ftd.com.br

Impresso no Parque Gráfico da Editora FTD S.A.
Avenida Antonio Bardella, 300
Guarulhos-SP – CEP 07220-020
Tel. (11) 3545-8600 e Fax (11) 2412-5375

A - 866.801/24

# Sumário

Letra legível .................................. 4
Alfabeto — ordem alfabética ......... 5
Bambalalar, é hora de praticar! ...... 8
Tonicidade .................................... 10
Acentuação de
    palavras paroxítonas ............... 11
Acentuação de palavras oxítonas .... 13
Palavras que causam dúvida ........... 16
Som do S ....................................... 18
Bambalalar, é hora de praticar! ...... 20
Adjetivo ........................................ 22
Palavras terminadas
    em SÃO e ZÃO ........................ 24
Palavras terminadas
    em EZA e ESA ......................... 25
Adjetivo pátrio .............................. 27
Palavras terminadas
    em ANSA e ANÇA .................... 29
Recursos para evitar a
    repetição de palavras ............... 30

Uso de POR QUE, PORQUE,
    POR QUÊ e PORQUÊ ................ 32
Bambalalar, é hora de praticar! ...... 34
Grau do adjetivo — superlativo ...... 36
Emprego de TRAZ, ATRÁS
    e (PARA) TRÁS ........................ 38
Palavras com X e CH ..................... 39
Palavras com ICE e ISSE ............... 41
Pronome pessoal de tratamento ..... 43
Bambalalar, é hora de praticar! ...... 44
Emprego de MAS e MAIS ............... 46
Emprego das palavras
    SE NÃO e SENÃO ..................... 48
Emprego das palavras MAL e MAU ... 49
Pontuação ..................................... 51
Verbo ............................................ 52
Verbos terminados
    em EM, ÊM e EEM ................... 60
Letra cursiva ................................. 62

# Letra legível

**Agora é o momento: mostre que sabe escrever, traçando as letras de um jeito que todos consigam ler.**

Você já soube de alguém que tomou remédio errado porque o farmacêutico não entendeu a letra do médico na receita?

Já ouviu um professor reclamar que não entendeu a letra de um aluno?

É importante fazer letra legível para que o leitor consiga entender o que foi escrito.

- Leia o texto abaixo.

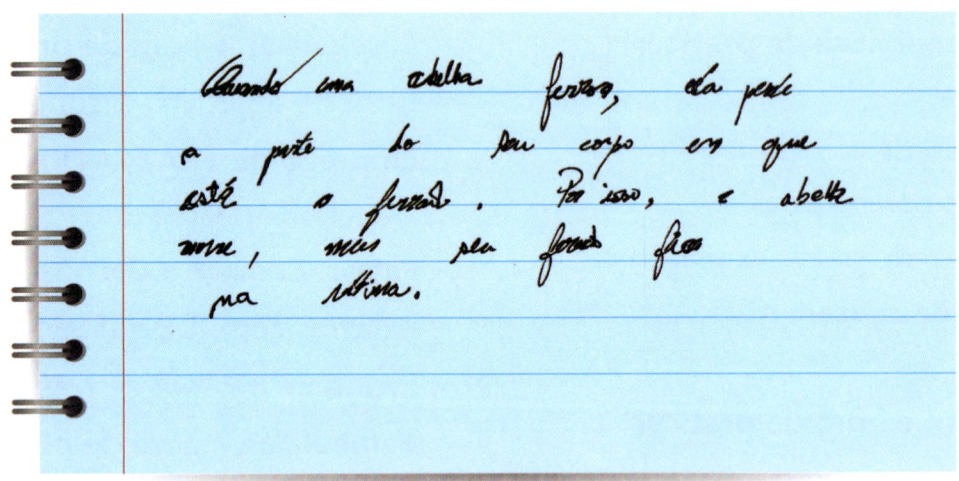

Que tal, deu pra entender?

- Agora leia o mesmo texto escrito com letra bem traçada. Observe como a leitura torna-se mais agradável, fácil e rápida.

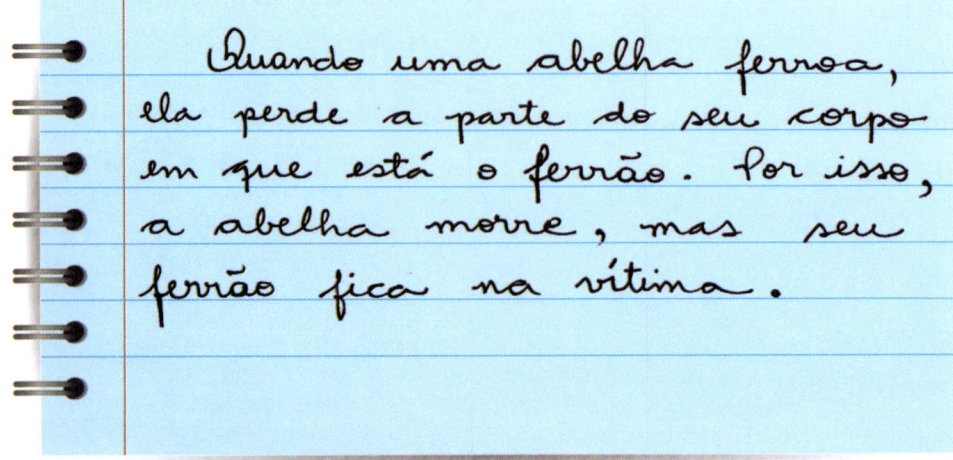

# Alfabeto — ordem alfabética

As letras bem traçadas são mais fáceis de entender. Treine agora o alfabeto, capriche do A ao Z.

1. Copie o alfabeto maiúsculo.

A   B   C   D   E   F   G

H   I   J   K   L   M   N

O   P   Q   R   S   T   U

V   W   X   Y   Z

- Agora copie o alfabeto minúsculo.

a   b   c   d   e   f   g

h   i   j   k   l   m   n

o   p   q   r   s   t   u

v   w   x   y   z

5

**2.** Copie as palavras de cada coluna em ordem alfabética, observando:

| a primeira letra | a segunda letra |
|---|---|
| morcego | grelhado |
| pavão | gentil |
| lagartixa | ginásio |

| a terceira letra | a quarta letra |
|---|---|
| mortadela | travesseiro |
| mosquito | trabalho |
| mobília | trânsito |

> **Dica!**
> Para encontrar números de telefone, existem listas em papel ou no celular. Nessas listas telefônicas, os nomes das pessoas estão organizados em ordem alfabética pelo último sobrenome. Exemplo: imagine que você procura o número do telefone de **Lucas Sampaio de Vieira**: primeiro ache na lista o sobrenome **Vieira**; depois o nome **Lucas**. Pronto, encontrou **Vieira, Lucas Sampaio de**.

3. Organize os nomes abaixo como aparecem na lista telefônica.

Rodrigo Almeida de Melo
Camila Melo de Assis
Flávio Magalhães
Helena Campos de Brito
Flávio Moraes

- Agora, coloque os nomes que você organizou em ordem alfabética.

# Bambalalar, é hora de praticar!

- No quadro abaixo, há algumas palavras de origem indígena. Escreva-as em ordem alfabética e perceba que cada uma ficará ao lado do seu significado.

beiju   uirapuru   guabiroba   muriçoca   xexéu   caramuru
cunhã   pororoca   surucucu   urucum   bacaba   guariba   guri
pirarucu   urubu   surubim   piracema   curumim   xerimbabo

|  |  |
|---|---|
| _____ | palmeira nativa da Amazônia. [...] |
| _____ | espécie de pão, feito com o polvilho da mandioca. [...] |
| _____ | espécie de peixe. [...] |
| _____ | mulher. [...] |
| _____ | menino, garoto, rapaz novo ou jovem. [...] |
| _____ | planta nativa do Brasil. [...] |
| _____ | espécie de macaco. [...] |
| _____ | criança pequena. [...] |

Guabiroba ou gabiroba.

Foto: Geraldo Gomes/Opção Brasil

_____ mosquito. [...]

_____ período em que os peixes, nadando contra a corrente dos rios, buscam suas nascentes para desovar.

_____ peixe típico da Amazônia. [...]

_____ choque das águas oceânicas com correntes fluviais na foz do rio Amazonas. [...]

_____ espécie de peixe, comum na Amazônia.

_____ maior cobra peçonhenta da Floresta Amazônica. [...]

_____ espécie de pássaro.

_____ ave com penas pretas, cabeça pelada, que se alimenta de carnes em decomposição.

_____ semente de onde os índios extraem tinta vermelha. [...]

_____ qualquer animal de estimação.

_____ espécie de pássaro.

[...]

Luís Donisete Benzi Grupioni. **Memória das palavras indígenas.** São Paulo: Global, 2015. p. 10-13, 20, 21, 35, 41, 55 e 60.

Pororoca.

# Tonicidade

**Juca Pinduca,**
**ladrão de açúcar,**
**pulou a janela,**
**caiu na arapuca.**

(Folclore.)

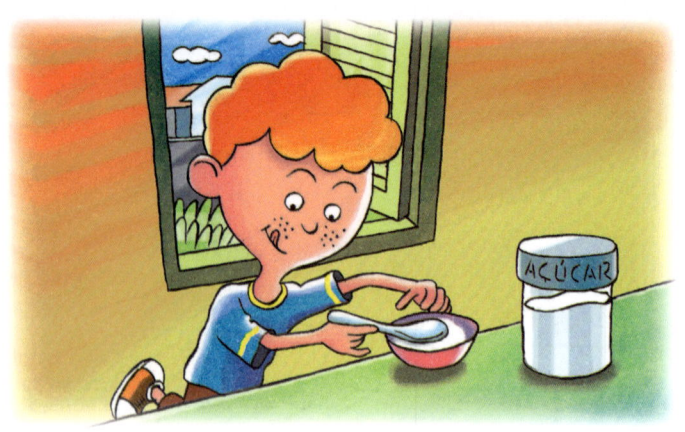

## Fique sabendo

A sílaba pronunciada com mais força na palavra é chamada sílaba tônica.
Quanto à posição da sílaba tônica, a palavra pode ser:
oxítona — a sílaba tônica é a última. Exemplo: farol
paroxítona — a sílaba tônica é a penúltima. Exemplo: cavalo
proparoxítona — a sílaba tônica é a antepenúltima. Exemplo: paralelepípedo

1. Copie as palavras nas colunas correspondentes.

| | | | | | |
|---|---|---|---|---|---|
| rápido | pitanga | lampião | caju | eletrônica | turista |
| gemada | curió | pântano | jornal | número | ensino |

| Oxítonas | Paroxítonas | Proparoxítonas |
|---|---|---|
| | | |
| | | |
| | | |
| | | |

Fotos: Marcos Amend/Pulsar; Venus Angel; Doin Oakenhelm/Shutterstock.com

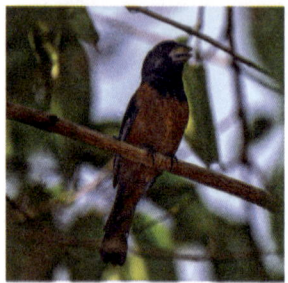

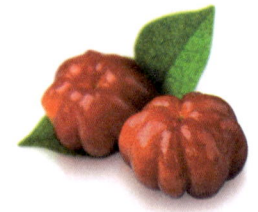

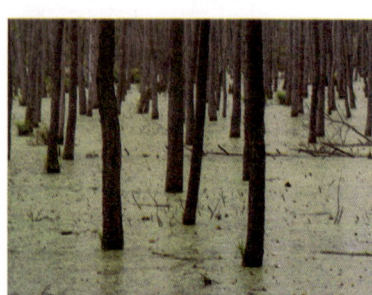

# Acentuação de palavras paroxítonas

Com o estilingue na mão,
vai pela mata sozinho.
Como é tolo esse garoto,
que mata passarinho!

## Fique sabendo

São acentuadas todas as palavras paroxítonas terminadas em ditongo. Exemplos: calúnia, relógio, espécie.

álbum

ímã

São acentuadas todas as palavras paroxítonas terminadas em i(s), u(s), um (uns), ão(s), ã(s). Exemplos: biquíni, bônus, álbum, órfão, ímã.

1. Sublinhe no texto da quadrinha acima as palavras paroxítonas.

2. Todas as palavras paroxítonas do quadro abaixo terminam em ditongo. Acentue e copie essas palavras nas colunas correspondentes.

| gloria | cranio | geranio | serie | agua | vitoria |
| historia | especie | premio | carie | egua | regua |

**io** | **ia** | **ie** | **ua**

**3.** Acentue as palavras paroxítonas abaixo.

| álbuns | júri | órfão |
| lápis | fórum | grátis |
| ímã | órgão | Vênus |
| tênis | sótãos | vírus |
| órfãs | biquíni | bônus |

- Agora copie as palavras acima nas colunas indicadas a seguir.

Paroxítonas acentuadas terminadas em:

i(s)      ão(s)      us

i         ã(s)       um (uns)

# Acentuação de palavras oxítonas

> Abra os olhos, jacaré!
> Veja bem, não dê bobeira!
> Se o caçador te pegar,
> você vai virar carteira.

## Fique sabendo

Acentuam-se todas as palavras oxítonas terminadas em a(s), e(s), o(s), em(ens). Exemplos:

maracujá, jacaré, carijó, alguém.

1. Acentue as palavras oxítonas quando necessário. Depois, copie-as.

| urubu | através | parabéns |
|---|---|---|
| domino | lambari | cafune |
| acaraje | metro | ninguem |
| tambem | fregues | amendoim |

2. Acentue, quando necessário, as palavras oxítonas abaixo. Depois, copie-as e pinte os ☐ de acordo com a legenda.

> 🟥 oxítonas terminadas em a — e — o, seguidas ou não de s.
>
> 🟦 oxítonas terminadas em em — ens.
>
> 🟩 oxítonas não acentuadas.

☐ picoles     ☐ porem      ☐ tambem

☐ portugues   ☐ jardim     ☐ parabens

☐ jabuti      ☐ caqui      ☐ caju

☐ paleto      ☐ cafe       ☐ ate

☐ pudim       ☐ maraja     ☐ ingles

☐ voce        ☐ refem      ☐ apos

- Antes de considerar a atividade concluída, verifique se deixou de acentuar somente cinco palavras.

14

**3.** Leia e copie. Depois sublinhe todas as palavras oxítonas do texto.

Cansado de bicho de estimação, montou clínica na floresta o veterinário Dr. Falcão.

Logo a fila se formou na porta:

Macaco com dor de barriga

e onça com lombriga.

Tamanduá resfriado

e veado com chifre quebrado.

Jacaré com dor de dente

e até leão inapetente.

Cliente é que não faltou.
Mas e a conta?
Ninguém pagou.

## Palavras que causam dúvida

> Embaixo do fogão
> Dorme esse gato folgado,
> Mas quando a noite chega,
> Mia em cima do telhado.

1. Leia e copie as palavras e expressões abaixo. Depois sublinhe as que você já teve dúvida na hora de escrever: é junto ou separado?

| uma palavra | cópia | mais de uma palavra | cópia |
|---|---|---|---|
| depressa | | de repente | |
| embora | | em cima | |
| debaixo | | de novo | |
| enquanto | | ao todo | |
| devagar | | de frente | |
| enfim | | em vez de | |
| embaixo | | por enquanto | |
| anteontem | | por causa | |
| comigo | | às vezes | |
| então | | de propósito | |
| tampouco | | toda vez que | |

2. Agora complete as frases escolhendo palavras e expressões da atividade anterior.

São _____ vinte alunos.
Estava tudo quieto e, _____, plaft!
Não deixe os cadernos _____ do sofá.
Quero pera _____ maçã.
Calma, não ande tão _____!

**3.** Copie as frases substituindo as ★ por uma das palavras ou expressões em destaque.

a) em cima   acima

Ele é ★ de qualquer suspeita.

Deixei o copo ★ da pia.

b) debaixo   de baixo

O martelo estava ★ do sofá.

Pintei a casa ★ para cima.

## Som do S

Conversar demais na aula
tira toda a concentração.
Bater papo é muito bom,
mas não durante a explicação.

1. Copie as palavras abaixo e destaque as letras que representam o som do S. Observe o exemplo.

| Palavra | Cópia | Representa o som do S |
|---|---|---|
| espelho | espelho | s |
| piscina | | |
| péssimo | | |
| caçador | | |
| texto | | |
| cresça | | |

2. Descubra no quadro as palavras que fazem parte dos grupos A, B ou C e copie-as.

> próspero   depressa   aproximado
> descente   nascente   compressa

| A | B | C |
|---|---|---|
| próximo | nascer | pressa |
| aproximar | nascimento | apressado |
| | | |

18

3. Copie somente as palavras da mesma família.

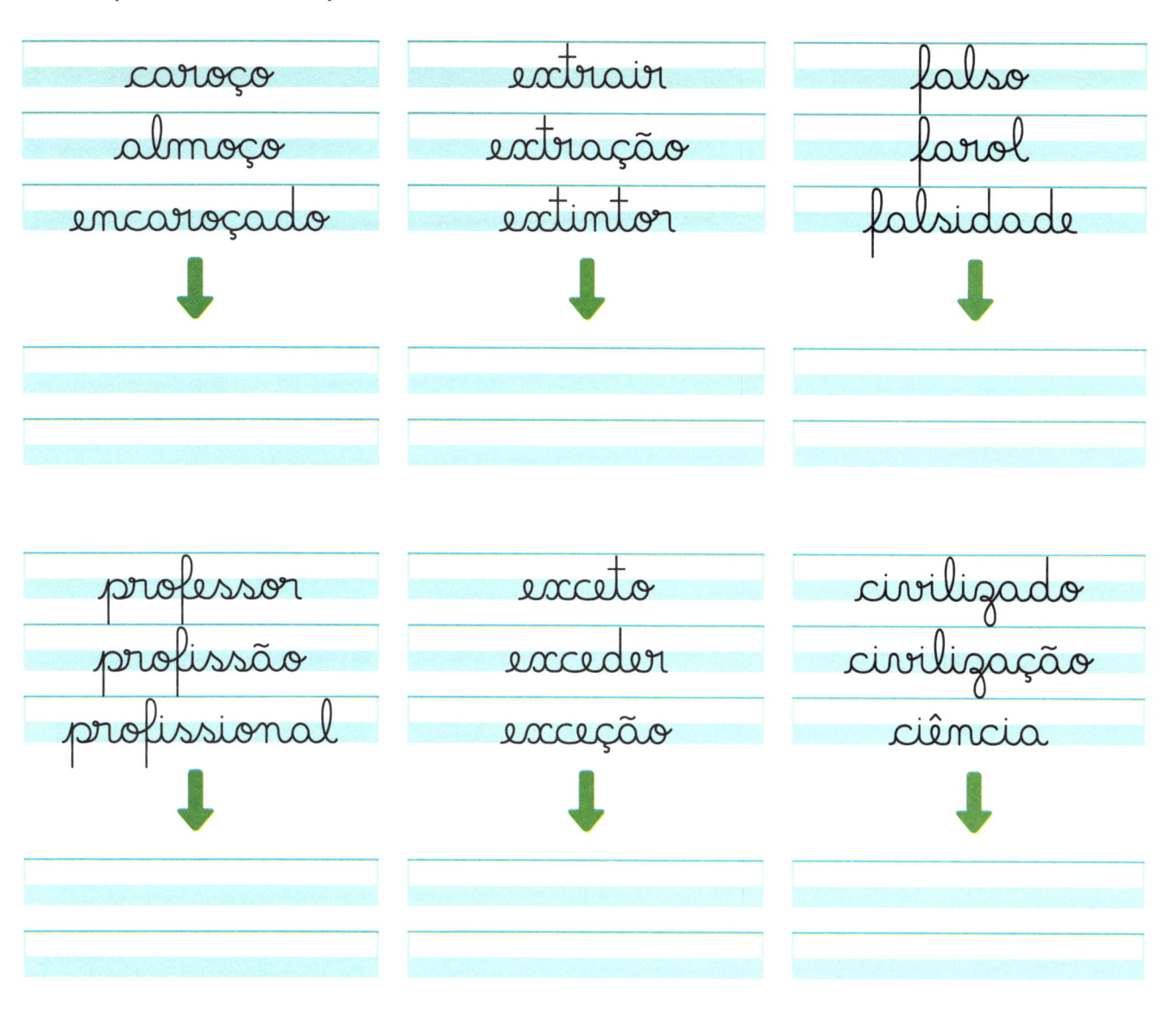

| caroço | extrair | falso |
| almoço | extração | farol |
| encaroçado | extintor | falsidade |

⬇ ⬇ ⬇

| professor | exceto | civilizado |
| profissão | exceder | civilização |
| profissional | exceção | ciência |

⬇ ⬇ ⬇

4. Descubra as letras que substituem as ★ e copie as palavras.

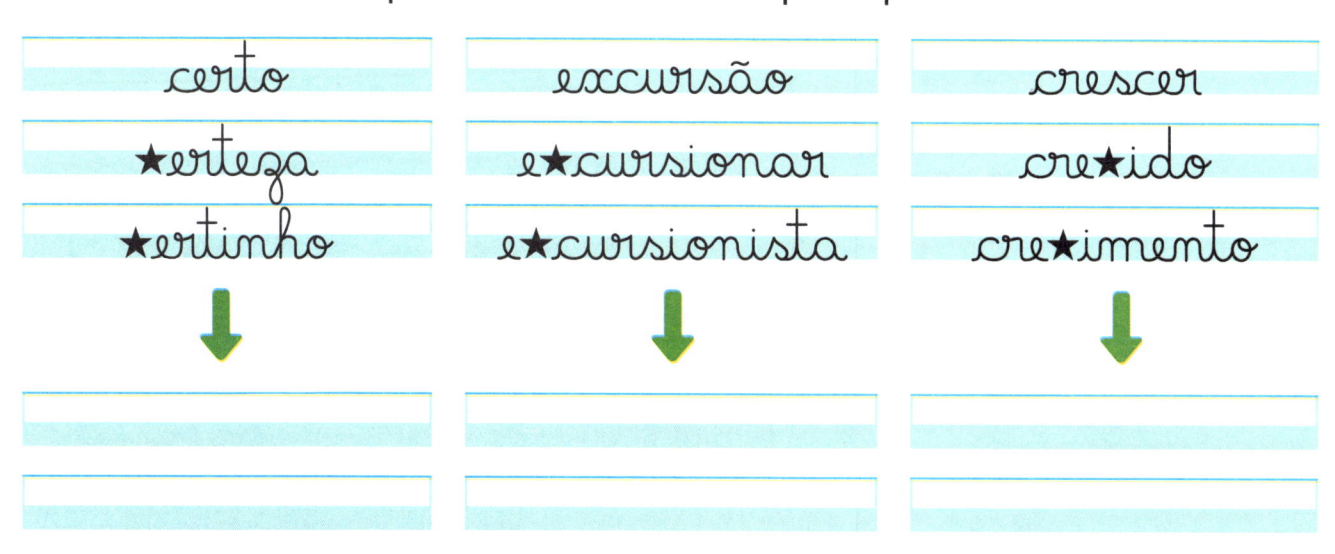

| certo | excursão | crescer |
| ★erteza | e★cursionar | cre★ido |
| ★ertinho | e★cursionista | cre★imento |

⬇ ⬇ ⬇

# Bambalalar, é hora de praticar!

- Leia a quadrinha e copie.

Montanha-russa? Um fascínio,

uma grande excitação!

Todo mundo se diverte,

quem não grita é exceção.

- Copie da quadrinha duas palavras que, na sua opinião, alguns alunos do 4º ano teriam dificuldade em escrever.

  1. _____
  2. _____

- Agora copie as palavras abaixo.

óculos   telefone   pirulito

carrossel   risadas   roda-gigante

ensolarado   bandeirinha   carrinho

montanha-russa

# Adjetivo

> Tenho bela coroa na cabeça
> e uma cauda bem ornada.
> Minha barba é colorida
> e canto alto na alvorada.

Galo.

## Fique sabendo

Adjetivos são palavras que dão características aos substantivos. Exemplos:

| gato | preto | gente | supersticiosa |
|---|---|---|---|
| ↓ | ↓ | ↓ | ↓ |
| substantivo | adjetivo | substantivo | adjetivo |

1. Reescreva o texto substituindo as ★ por adjetivos do quadro.

| | | | | |
|---|---|---|---|---|
| esperto | pequeno | arisco | obediente | inteligente |
| atento | escovado | leal | forte | sedoso |
| grandão | pequenas | arredondadas | | pontudas |
| musculoso | curto | sociável | animado | caídas |
| brilhante | malhado | grandes | macio | feliz |

Duke é um cachorro ★. Seu pelo é ★ e ★,

suas orelhas são ★. Vive sempre ★ e ★. É

muito ★ ao seu dono. Duke é bastante ★

e, se alguém lhe faz um carinho, fica todo ★.

- Agora que já reescreveu, decida e marque qual dos cachorros abaixo é o Duke, personagem do seu texto.

Viu como os adjetivos foram importantes no texto? Eles ajudaram a definir o seu personagem.

**2.** Copie.

Vacine seus animais de estimação.

Evite brincar com cães e gatos desconhecidos.

# Palavras terminadas em SÃO e ZÃO

> Vou dormir fora de casa.
> Tomei essa decisão!
> Mas eu só vou amanhã,
> porque hoje tem macarrão.

1. Copie as palavras abaixo. Depois pinte os quadrinhos de acordo com a legenda.

🟥 Palavras terminadas em são.  🟦 Palavras terminadas em zão.

☐ decisão    ☐ divisão    ☐ razão

☐ revisão    ☐ paizão     ☐ visão

☐ confusão   ☐ alazão     ☐ sorrisão

☐ prisão     ☐ erosão     ☐ pezão

☐ parmesão   ☐ explosão   ☐ ilusão

- Releia as palavras acima e copie somente as que estão no aumentativo.

24

# Palavras terminadas em EZA e ESA

Pode levar, freguesa!
O milho tá uma beleza!
Tem pro bolo, polenta, mingau,
cuscuz, pamonha, broa e curau.

## Fique sabendo

Alguns adjetivos dão origem a substantivos terminados em eza para indicar uma qualidade. Veja:

belo → bel + eza = beleza

belo → adjetivo
beleza → substantivo

1. Utilize essa informação e escreva a origem dos substantivos abaixo.

| malvadeza | tristeza | pureza |
|---|---|---|
| fraqueza | moleza | delicadeza |

2. Agora, faça o contrário. Transforme adjetivos em substantivos.

| limpo | real | belo |
|---|---|---|
| certo | gentil | pobre |

## Fique sabendo

Os adjetivos derivados de substantivos próprios que indicam nacionalidade podem terminar em ês.

Nesse caso, formam o feminino em esa. Veja:

português — portuguesa

**3.** Complete o quadro com adjetivos que indicam lugar de origem. Veja o exemplo.

| Lugar de origem | Masculino | Feminino |
|---|---|---|
| China | chinês | chinesa |
| França | | |
| Irlanda | | |
| Portugal | | |
| Inglaterra | | |

**4.** Copie as palavras substituindo as ★ por eza ou esa.

polon★    duqu★    liban★    riqu★

## Adjetivo pátrio

Cearense, sergipano, catarinense ou mineiro. Não importa o estado, o bom é ser brasileiro!

### Fique sabendo

Adjetivo pátrio é aquele que indica o lugar de origem das pessoas, dos animais ou das coisas. Exemplo: Quem nasceu na Bahia é baiano.

1. Complete com os adjetivos pátrios correspondentes. Consulte o quadro abaixo.

> cearense    catarinense    alagoano    paranaense    paraense
> acriano    tocantinense    maranhense    pernambucano    goiano
> amazonense    piauiense

| Santa Catarina | Pará | Ceará |
| Pernambuco | Goiás | Alagoas |
| Acre | Maranhão | Tocantins |
| Paraná | Piauí | Amazonas |

**2.** Reescreva as frases substituindo as expressões em destaque por adjetivos pátrios.

Tutu de feijão é um prato típico **de Minas Gerais**.

Vale a pena conhecer as praias **do Ceará**.

O povo **do Maranhão** é muito hospitaleiro.

**3.** Complete as frases com adjetivos pátrios.

O povo _____ adora Carnaval.

Os _____ são muito simpáticos.

O sotaque _____ é diferente do meu.

As _____ valorizam suas tradições.

# Palavras terminadas em ANSA e ANÇA

O azul é a cor do céu.
O verde é da esperança.
Tenha calma, paciência.
Quem espera sempre alcança.

**1.** Descubra o segredo e complete as duplas de palavras.

|   | poupar |   |
| --- | --- | --- |
| esperança |   | liderança |
| aliar |   | lembrar |
|   | andança |   |

**2.** Há mais palavras terminadas em ança do que em ansa. Algumas terminadas em ansa são: gansa, cansa, descansa, mansa e amansa.

- Sabendo disso, copie as palavras abaixo substituindo as ★ por S ou Ç.

| alian★a | man★a | heran★a |
| --- | --- | --- |
| confian★a | dan★a | crian★a |
| can★a | balan★a | heran★a |
| festan★a | gan★a | pan★a |

29

# Recursos para evitar a repetição de palavras

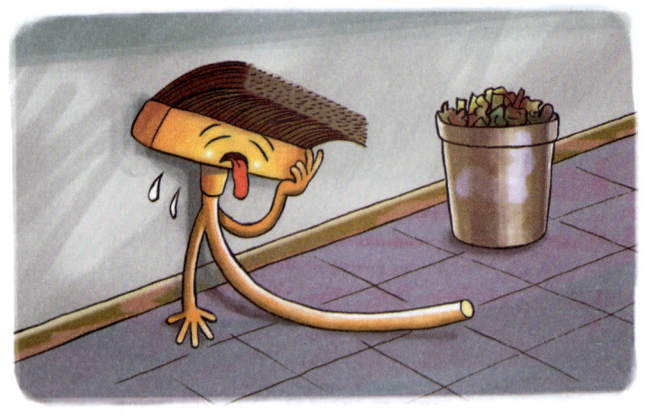

**A vida da vassoura**
**é uma barra pesada.**
**Ela varre o dia inteiro**
**e dorme em pé de cansada.**

1. Leia o texto e observe a repetição das palavras destacadas.

O leão costuma caçar de madrugada. O leão fica escondido no meio do mato, o leão espera que algum animal abaixe a cabeça para pastar. Nesse momento, o leão se lança sobre a presa, que morre em poucos minutos.

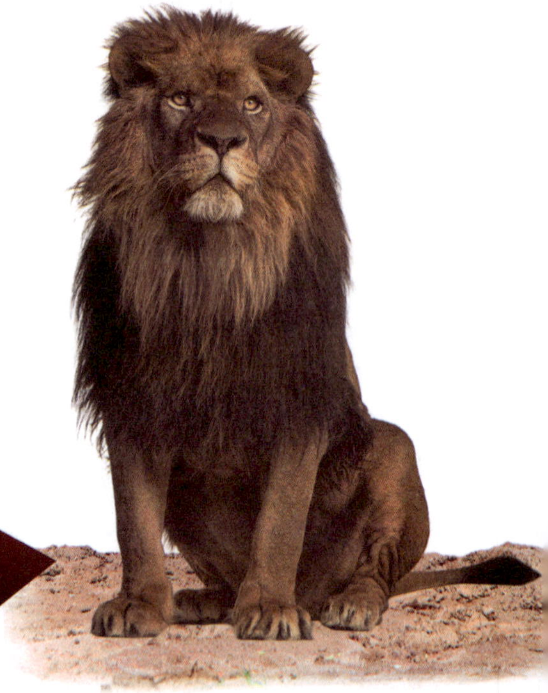

**Dica!**

Consulte o dicionário para descobrir outras palavras que possam substituir uma palavra repetida no texto.

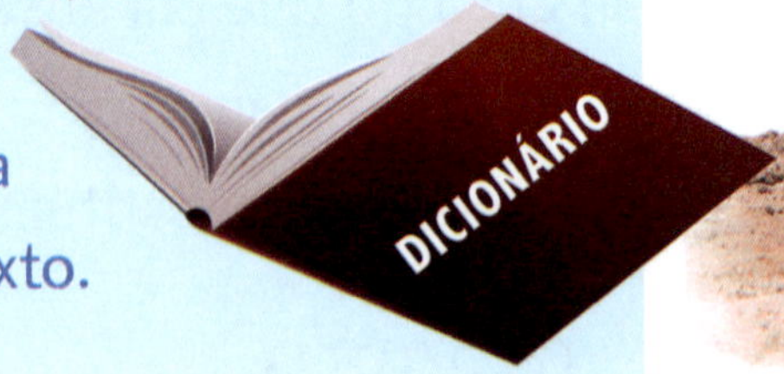


- Reescreva o texto substituindo o substantivo leão algumas vezes por outras palavras, expressões ou pronomes. Você pode eliminá-lo uma vez.

Foto: Eric Isselee/Shutterstock.com

**2.** Agora faça o mesmo com o texto abaixo. A palavra gorila pode ser eliminada mais de uma vez.

Os gorilas têm um jeito de bravos, mas são animais tranquilos. Quando os gorilas se sentem ameaçados, ficam em pé e batem no próprio peito para mostrar força.

Os gorilas passam boa parte do tempo em terra e, às vezes, sobem em árvores. Os gorilas podem ficar eretos sobre os pés, mas os gorilas costumam andar apoiados nas quatro patas.

# Uso de POR QUE, PORQUE, POR QUÊ e PORQUÊ

> Trovões, raios, relâmpagos!
> Por que tanto escarcéu?
> Porque é dia de lavar
> a caixa-d'água do céu.

## Fique sabendo

É usado:

| | | |
|---|---|---|
| por que | em perguntas. ➡ | Por que você chorou? |
| porque | em respostas. ➡ | Porque ralei o joelho. |
| por quê | no final de frases interrogativas. ➡ | Não posso sair, por quê? |
| porquê | como substantivo e, normalmente, vem acompanhado de artigo. ➡ | Quero saber o porquê da sua atitude. |

1. Crie uma pergunta e uma resposta para cada frase. Observe o exemplo.

> Tossi porque engasguei.
> Por que você tossiu?
> Porque engasguei.

a) Levantei porque ouvi um barulho.

b) Melhorei porque tomei remédio.

**2.** Leia a tirinha.

- Complete as frases com por que, porque, por quê e porquê. Depois, copie-as.

[Por que] só a fêmea do pernilongo pica?

[Porque] ela precisa de sangue para produzir seus ovos.

Os pernilongos costumam transmitir doenças. [Por quê]?

O [porquê] é simples: é que alguns pernilongos carregam em seus corpos microrganismos causadores de doenças.

# Bambalalar, é hora de praticar!

- Leia e copie.

  *Tem de tudo no meu quintal.*

  *Tem varal com roupa secando,*
  *tem água no esguicho esguichando.*

  **Marco Miranda. Quer conhecer meu quintal?**
  Juiz de Fora: Franco Editora, 2009. p. 3, 11.

- Faça um X na figura que mostra o quintal mais parecido com o da sua casa.

- Copie as palavras abaixo.

  baldinho
  borboleta
  joaninha
  abelha
  rastelo
  regador
  meia
  gato

- Agora encontre e circule na cena abaixo as figuras correspondentes às palavras que você copiou.

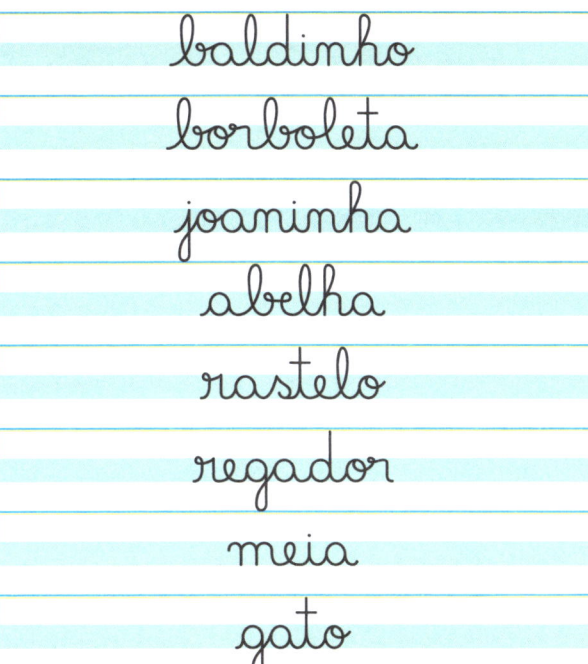

# Grau do adjetivo — superlativo

A girafa, estressadíssima, anda pelo campo aberto e só consegue descansar se o leão não está por perto.

## Fique sabendo

O adjetivo pode ser elevado ao seu mais alto grau:
- **grau superlativo absoluto analítico** (mais de uma palavra).
  Exemplo: Eu estou muito estressado.
- **grau superlativo absoluto sintético** (uma só palavra).
  Exemplo: Eu estou estressadíssimo.

1. Faça conforme o exemplo. Use as palavras abaixo.

   dificílima   dulcíssima   ferocíssimo

   O coelho é muito rápido.
   O coelho é rapidíssimo.

   A laranja está muito doce.
   A laranja está _____.

   O leão é muito feroz.
   O leão é _____.

   Esta etapa é muito difícil.
   Esta etapa é _____.

2. Leia os anúncios.

**A**

APAGA SEM DEIXAR VESTÍGIOS

**MUITO IMPORTANTE:**

**NÃO VALE USAR NO BOLETIM**

**B**

APAGA SEM DEIXAR VESTÍGIOS

**IMPORTANTÍSSIMO:**

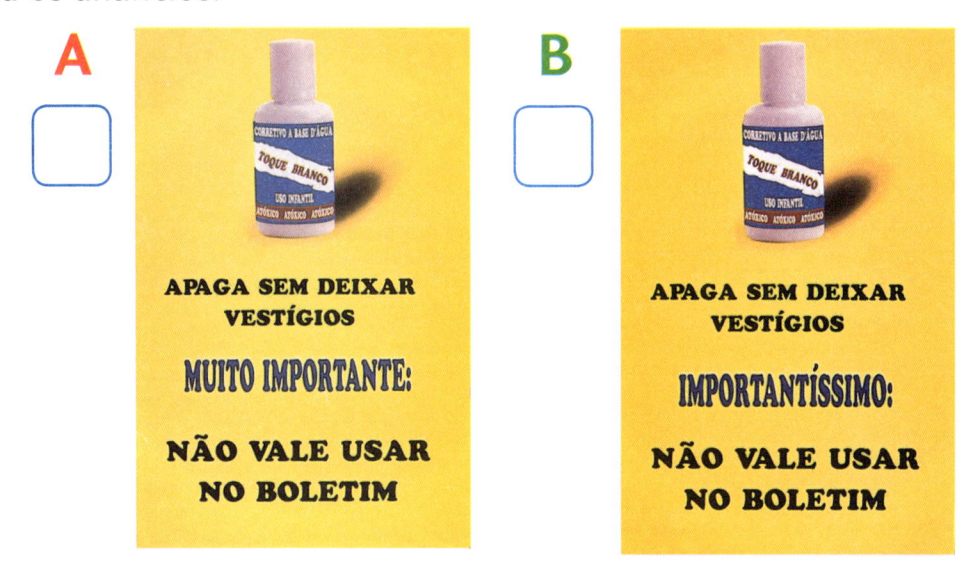

**NÃO VALE USAR NO BOLETIM**

- Agora marque com X o anúncio que desperta mais a curiosidade do leitor para continuar a leitura.
- Leia.

*Mensagem muito importante.*
*Mensagem importantíssima.*

- Agora continue. Se precisar, consulte o quadro abaixo.

| facílima | grossíssimo | larguíssima |
| gordíssimo | altíssimo | lindíssima |

a) Fio muito grosso — Fio _____
b) Lição muito fácil — Lição _____
c) Cidade muito linda — Cidade _____
d) Porco muito gordo — Porco _____
e) Rua muito larga — Rua _____
f) Prédio muito alto — Prédio _____

# Emprego de TRAZ, ATRÁS e (PARA) TRÁS

Ir atrás da galinha-d'angola
me deu uma enorme canseira.
Ela gritava "tô fraca!", "tô fraca!",
mas correu a manhã inteira.

## Fique sabendo

A palavra traz é um verbo. → trazer

As palavras atrás e (para) trás são advérbios. → indicam lugar

1. As palavras atrás, traz e trás ficaram manchadas. Descubra qual delas completa cada frase e escreva-as.

   a) Ele escondeu-se ▮ da porta.

   b) Chegue um pouco para ▮.

   c) Quem ▮ as crianças da escola?

2. Copie as frases substituindo as palavras e expressões em destaque pelos seus antônimos.

   a) Deixei a bicicleta na frente da árvore.

   b) O rapaz leva sua prancha de surfe.

   c) O bebê deu uns passinhos para a frente.

## Palavras com X e CH

X de xícara, xará,
xarope, xodó e xampu.
Mas não use X
na palavra chuchu.

1. Copie as palavras abaixo separando-as em dois grupos. Para isso, observe as regras indicadas nas colunas a seguir.

> enxugar   baixo   enxergar   enxada
> faixa   paixão   enxame   queixo
> enxerido   frouxo   enxaqueca   trouxa

| Depois de en, geralmente se usa x | Depois de ditongo, usa-se x |
|---|---|
|  |  |

2. Você já sabe a regra: geralmente depois de en, usa-se x. Procure no dicionário palavras com en + ch e copie três palavras que são exceções à regra.

**3.** Copie as palavras do quadro agrupando-as em famílias.

> graxa    chocar    engraxado    chutar    chuteira
> chute    choradeira    choro    chocadeira
> choco    engraxate    chorão

A    B    C    D

**4.** Leia e copie.

Que pescoço alongado!
Não precisa cachecol.
Quando está todo espichado,
ele quase toca o sol.

Adriano Messias. **Que bicho está no verso?** Curitiba: Positivo, 2009. p. 19.

# Palavras com ICE e ISSE

> Esta dica é importante:
> Para não ficar doente,
> na infância ou na velhice,
> água, sabão e pasta de dente.

1. Copie as palavras abaixo, separando-as em dois grupos.

   pedisse   discutisse   chatice   bobice   garantisse   caretice   ouvisse
   consumisse   rabugice   saísse   meiguice   modernice   cafonice   sugerisse

   | Substantivos | Verbos |
   |---|---|
   |  |  |
   |  |  |
   |  |  |
   |  |  |
   |  |  |
   |  |  |
   |  |  |

- Ligue.

   Os substantivos foram escritos com          isse.
   Os verbos foram escritos com                ice.

2. Classifique as palavras em: verbo ou substantivo.

   sorrisse ____          vestisse ____
   gulodice ____          burrice ____

41

3. Complete as frases com os verbos abaixo.

> estudasse    servisse    ouvisse    pedisse

a) Se eu _____ um favor, você faria?

b) Se Luísa _____ mais, conseguiria boas notas.

c) Se a calça _____, eu a compraria.

d) Ah, se você _____ meus conselhos...

4. Copie somente as frases em que as palavras sublinhadas são substantivos.

a) É tolice pensar dessa maneira.

b) Seria bom se você saísse agora.

c) Ele conheceria a história se visse o filme.

d) É crendice achar que gato preto dá azar.

## Pronome pessoal de tratamento

— Veja bem, tem uma mosca no sorvete que vou tomar.
— É que ela, meu senhor, está aprendendo a esquiar.

### Fique sabendo

Pronomes de tratamento são pronomes pessoais que usamos quando nos dirigimos a alguém. Exemplos: Você, Senhora, Vossa Senhoria, Vossa Excelência, Vossa Alteza.

1. Copie as frases em que as palavras em destaque são pronomes de tratamento.

   a) Vossa Excelência pode me ouvir agora?
   b) Eles foram tomar banho de cachoeira!
   c) Como você é rápido, hem!
   d) Por favor, senhora, onde fica a prefeitura?
   e) Nós estudamos no turno matutino.
   f) Vossa Majestade pode receber o príncipe?
   g) Senhores pais, a reunião será amanhã.

## Bambalalar, é hora de praticar!

**1.** Leia. Depois copie.

*T de trem-fantasma*

Não há nada mais legal

Que o trem em disparada.

Você grita e se arrepia

Depois cai na gargalhada.

Flávia Muniz. **Alfabeto assombrado**. Barueri, SP: Girassol, 2012. p. 22.

- Passear de trem-fantasma é mesmo de arrepiar! Agora, leia e copie os nomes das figuras a seguir. Elas também lembram outras coisas de dar arrepios!

*aranha*

*abóbora*

*morcego*

*caveira*

*fantasma*

## Emprego de MAS e MAIS

> É mais gostoso estar alegre,
> mas, se você ficou triste,
> não se desespere: espere.
> O tempo cura qualquer tristeza.

### Fique sabendo

A palavra mas dá ideia de oposição, isto é, de ideia contrária. Exemplo: Ela é bonita, mas nada simpática.

A palavra mais dá ideia de intensidade, de superioridade e de acréscimo. Exemplo: Ela é mais bonita que simpática!

1. Copie as frases. Observe as palavras em destaque e circule-as de acordo com a legenda.

   ◯ a palavra dá ideia de oposição      ◯ a palavra dá ideia de intensidade

   a) Pode tomar sorvete, mas não exagere.

   b) Quanto mais canta, mais afinada fica.

   c) Gostaria de ir, mas está chovendo.

   d) Aceito mais café, mas com açúcar.

**2.** Complete as adivinhas com as palavras mas ou mais e escreva as respostas. Se precisar, consulte o quadro abaixo.

## O que é, o que é?

a) Nem todos têm, [mas] ninguém passa sem ele.

b) Quanto mais se perde, mais se tem.

c) Quanto mais quente, mais fresco é.

d) Tem pés redondos, mas rastro comprido.

e) Tem cabeça, mas não pensa.

f) Quanto mais seca, mais se molha.

- ferro de passar
- toalha
- bicicleta
- pão
- prego
- sono

# Emprego das palavras SE NÃO e SENÃO

> Ao andar na rua, muita atenção,
> senão pode acabar machucado,
> tropeçar feio, cair no chão,
> se não andar com cuidado.

## Fique sabendo

A expressão se não é o mesmo que caso não.
A palavra senão é o mesmo que do contrário.

1. Complete as frases empregando se não ou senão.

a) É melhor sair da chuva, _____ vai adoecer.
b) Eu vou ficar triste _____ voltar logo.
c) _____ correr, vou perder o ônibus.

2. Copie o bilhetinho substituindo as ★ por senão e se não.

Filha,
★ for sair hoje, vamos conversar sobre sua festa? É melhor organizar tudo logo, ★ vai ficar muito em cima da hora para convidar suas amigas.
Mamãe

# Emprego das palavras MAL e MAU

Mal ficou cara a cara com a galinha,
a minhoca não deu colher de chá.
Mergulhou num buraquinho
e conseguiu se safar.

## Fique sabendo

A palavra **mal** é um advérbio. É o contrário de **bem**.
A palavra **mau** é um adjetivo. É o contrário de **bom**.

1. Reescreva as frases substituindo as ★ pelas palavras abaixo.

> mal        mau

a) Falaram ★ de você na festa.

b) Não escovar os dentes é um ★ hábito.

c) Joel é um ★ jogador de futebol.

d) Elias não é ★, mas foi ★ interpretado.

e) É ★ aluno, por isso se deu ★ no teste.

**2.** Copie as frases substituindo as palavras em destaque pelos seus antônimos.

a) O crítico falou mal do espetáculo.

b) Minha mãe chegou de bom humor.

c) Eu estou com bom pressentimento.

d) O sanduíche que comi me fez bem.

**3.** Marque as frases em que as palavras mal e mau foram empregadas incorretamente. Depois reescreva as frases que você marcou, corrigindo-as.

☐ Meu time jogou mau hoje.
☐ O bebê passou mal durante a viagem.
☐ O motor do carro apresentou um mal desempenho.
☐ Não devemos fazer mal a ninguém.

## Pontuação

> Pra fazer boneca de pano,
> separe todo o aviamento:
> retalho, botão, linha, agulha
> e algodão pro enchimento.

1. Circule na quadrinha a pontuação usada para separar os elementos da enumeração.

2. Reescreva o texto pontuando-o e usando letras iniciais maiúsculas quando necessário.

*querido diário,*

*já arrumei a mala mil vezes coloquei óculos bronzeador roupão biquíni duas sandálias e um montão de roupas não me esqueci sabe do quê do repelente lembra o último acampamento que eu fiz parecia que um pernilongo tinha avisado o outro de que tinha sangue bom na área voltei toda empolada.*

28/12/2016

## Verbo

> O vento perguntou ao tempo
> quanto tempo o tempo tem.
> O tempo respondeu ao vento
> que o tempo do tempo
> é o tempo que o tempo tem.

(Folclore.)

## Tempos dos verbos

### Fique sabendo

Verbo é a palavra que pode ser conjugada nos tempos presente, pretérito ou passado e futuro.

Exemplos: Eu ando só. Eu andei só. Eu andarei só.

1. Leia.

    Todo dia, às 8 horas, toca o despertador. Eu levanto da cama, escovo os dentes, penteio os cabelos, tomo café e saio de casa.

- Agora complete.

    a) Ontem, às 8 horas, tocou o despertador. Eu

    b) Amanhã, às 8 horas, tocará o despertador. Eu

2. Leia o bilhete abaixo e sublinhe os verbos.

João,
   O Marcos bancou o valentão de novo, mas nós agimos com a cabeça fria. Ele queria brigar. Nós, ao contrário, continuamos na maior calma, e ele ficou sem graça.
   Ligo mais tarde para nós conversarmos melhor.

Fábio

- Reescreva o bilhete substituindo o pronome **nós** por **a gente**.

# Modos dos verbos

## Fique sabendo

Além de variar em pessoa, número e tempo, o verbo pode variar em modo. Veja a seguir.

1. Leia e depois copie as frases.

**Modo indicativo**

Indica ação de modo preciso.

*Eu estudo todos os dias.*

**Modo subjuntivo**

Indica ação de modo duvidoso e incerto.

*Se eu estudasse mais, tiraria boas notas.*

**Modo imperativo**

Indica uma ordem, um pedido.

*Estude, filho!*

## MODO INDICATIVO

**1.** Leia os textos e sublinhe os verbos. Depois pinte os quadrinhos de acordo com a legenda. Em seguida, copie-os. Os verbos estão nos tempos:

- 🟨 presente.
- 🟦 pretérito ou passado.
- 🟥 futuro.

☐ Os alunos do 4º ano autografarão os livros de fábulas produzidos por eles e darão entrevistas sobre o trabalho.

☐ Os ratos são considerados uma praga. Eles vivem praticamente em todos os lugares do mundo.

☐ O tiranossauro foi o maior carnívoro terrestre. Pesava cerca de 8 toneladas e chegava a medir 12 metros de comprimento e 6 metros de altura.

## MODO SUBJUNTIVO

1. Copie as frases substituindo as ★ pelos verbos entre parênteses.

a) Quando vocês ★, apaguem as luzes. (sair)

b) Quando eu ★, viajarei pelo mundo (crescer)

c) Quando eles ★ ao cinema, eu irei também. (ir)

d) Quando nós ★ com fome, jantaremos. (estar)

e) Quando elas ★ para o sítio, trarão frutas. (voltar)

**2.** As frases abaixo estão no modo subjuntivo. Pinte os quadrinhos de acordo com a legenda, indicando o tempo verbal. Depois, copie as frases.

🟨 presente — Exemplo: Quer que eu lave os tênis agora?

🟦 pretérito imperfeito — Exemplo: Ah, se eu ganhasse hoje.

🟥 futuro — Exemplo: Quando eu chegar, conversaremos.

a) ☐ Se eu comesse mais, passaria mal.

b) ☐ Quando eles acabarem, sairemos juntos.

c) ☐ Deixe que eu pague o lanche.

d) ☐ Quando você acordar, já terei ido.

e) ☐ Se formos rápido, chegaremos logo.

f) ☐ Que eles falem a verdade!

g) ☐ Quando eu chegar, telefonarei para vocês.

## MODO IMPERATIVO

1. O chiclete grudou no cabelo? Não se desespere. Existe uma dica legal para resolver esse problema. Leia e copie a dica.

> Dica para tirar chiclete grudado
>
> Se o chiclete grudar no cabelo ou na roupa, passe uma pedra de gelo no lugar e raspe com o dedo. Se o estrago no cabelo for grande, umedeça um algodão com óleo e passe-o pelos fios.

2. Todos os verbos dos avisos a seguir estão no imperativo. Encontre-os e sublinhe-os. Depois copie os avisos.

- Em relação ao uso da água.

Faça economia de água e energia elétrica.
Feche a torneira após o uso.
Não tome banhos demorados.

- **Em relação ao meio ambiente.**

  Não jogue lixo pela janela do carro.
  Use a lixeira sempre.
  Não polua as águas dos rios.

- **Em relação a sua segurança.**

  Não suba ou desça escadas correndo.
  Use sempre o corrimão como apoio.
  Não atravesse a rua fora da faixa.

- **Em relação à escola.**

  Devolva sempre o material escolar emprestado dos colegas.
  Espere sempre sua vez de falar.

# Verbos terminados em EM, ÊM e EEM

> Dê atenção às pessoas.
> Sempre é bom ser educado.
> Diga "por favor", "desculpe", "com licença" e não esqueça o "muito obrigado".

## Fique sabendo

| Verbos | Singular | Plural |
|---|---|---|
| ter | Ela tem um gato. | Os gatos têm boa visão. |
| ler | Lia lê o livro. | Os alunos leem o texto. |
| ver | Paulo vê televisão. | Meus pais veem o noticiário. |
| crer | Vitor crê em mim. | Eles creem na vitória. |
| dar | Dê comida ao gato. | Espero que se deem bem! |

1. Copie as frases substituindo as ★ pelos verbos entre parênteses.

a) José, ★ ração aos cães! (dê – deem)

b) Os jogadores ★ que vencerão o jogo. (crê – creem)

c) Você não ★ que está chovendo? (veem – vê)

d) Os alunos ★ gibis na biblioteca. (lê – leem)

**2.** Copie as frases que estão no plural.

Os passageiros leem durante a viagem.
Meu pai sempre lê jornal no domingo.

O camponês vê com alegria a chuva cair.
Lúcia e Ana veem as araras.

**3.** Complete as adivinhas com as palavras: **tem** ou **têm**.

# O que é, o que é?

a) Todos ☐ dois e você só tem um?

b) ☐ no pomar e no paletó?

c) Os cães ☐ e as pessoas também?

d) Só as corujas ☐ ?

e) ☐ capa verde e coração vermelho?

f) ☐ sempre o mesmo peso, não importa o seu tamanho?

g) ☐ dentes, mas não come?

Resposta: a. A letra "o"; b. Manga; c. Dentes caninos; d. Corujinhas; e. Melancia; f. Balança; g. Alho.

# Letra cursiva

**Escrever com letra cursiva é mais rápido que com letra bastão. Ela deve ser legível para que haja compreensão.**

- Leia o texto da página seguinte e descubra porque a barata é quase indestrutível. Depois escolha duas informações e copie-as. Capriche na letra!

## Tanque de guerra

Confira o armamento que faz da barata um inimigo quase indestrutível.

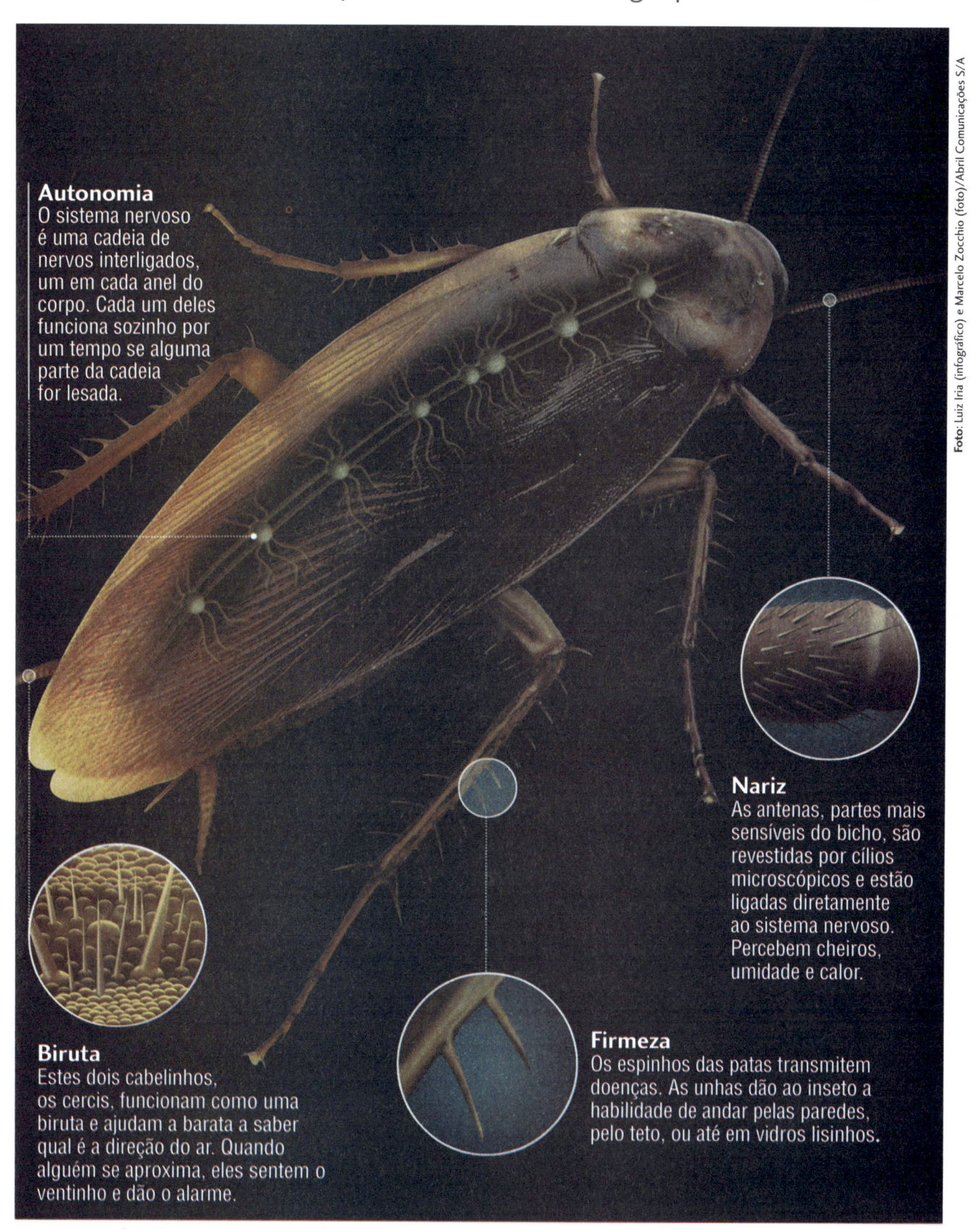

**Autonomia**
O sistema nervoso é uma cadeia de nervos interligados, um em cada anel do corpo. Cada um deles funciona sozinho por um tempo se alguma parte da cadeia for lesada.

**Nariz**
As antenas, partes mais sensíveis do bicho, são revestidas por cílios microscópicos e estão ligadas diretamente ao sistema nervoso. Percebem cheiros, umidade e calor.

**Biruta**
Estes dois cabelinhos, os cercis, funcionam como uma biruta e ajudam a barata a saber qual é a direção do ar. Quando alguém se aproxima, eles sentem o ventinho e dão o alarme.

**Firmeza**
Os espinhos das patas transmitem doenças. As unhas dão ao inseto a habilidade de andar pelas paredes, pelo teto, ou até em vidros lisinhos.

Foto: Luiz Iria (infográfico) e Marcelo Zocchio (foto)/Abril Comunicações S/A

Infográfico de Luiz Iria sobre foto de Marcelo Zocchio. **Superinteressante**, edição 155, ago. 2000. Disponível em: <http://super.abril.com.br/ciencia/baratas-e-os-seus-reflexos-ultra-rapidos>. Acesso em: 2 mar. 2016.

- O fim do ano chegou. Que tal pedir a três colegas que escrevam os nomes deles, bem caprichados, nas pautas abaixo e depois façam uma assinatura? Assinar o nome não é a mesma coisa que escrevê-lo. Veja a seguir.

*Ângela Duarte Bernardes*